AF456560

25 Mai 1880.

Vente du Mardi 25 Mai 1880 et jours suivants

RUE DE TIVOLI, N° 6

A DEUX HEURES PRÉCISES

DIAMANTS

BIJOUX

Objets d'Art, de Curiosité et d'Ameublement

EXPOSITIONS

PARTICULIÈRE	PUBLIQUE
LE SAMEDI 22 MAI	LE LUNDI 24 MAI
De deux heures à cinq heures	De deux heures à quatre heures

Mᵉ BAUDRY, COMMISSAIRE-PRISEUR

Rue Saint-Georges, n° 24

M. LEVEAU-MARTIN	Mᵉ GEORGE
EXPERT	EXPERT
Passage Saulnier, n° 25	Rue Laffitte, n° 12

PARIS — 1880

Vve RENOU, MAULDE et COCK
IMPRIMEURS DE LA COMPAGNIE DES COMMISSAIRES-PRISEURS
Rue de Rivoli, 144

CATALOGUE

DES

DIAMANTS

BIJOUX, ARGENTERIE, PLAQUÉ

TABLEAUX

OBJETS D'ART, DE CURIOSITÉ ET D'AMEUBLEMENT

Dentelles, Cachemires, Fourrures

LINGE DE MAISON — TAPIS — TENTURES

VOITURES, VINS

DONT LA VENTE AUX ENCHÈRES PUBLIQUES AURA LIEU

APRÈS DÉCÈS

EN UN HOTEL SIS A PARIS

RUE DE TIVOLI, N° 6

Le Mardi 25 Mai 1880 et jours suivants

A DEUX HEURES PRÉCISES

Par le ministère de Mᵉ **BAUDRY**, Commissaire-Priseur,
rue Saint-Georges, 24,

Assisté de **M. LEVEAU-MARTIN**, Expert, passage Saulnier, 25,

Et de **M. GEORGE**, Expert, rue Laffitte, 12.

EXPOSITIONS

PARTICULIÈRE	PUBLIQUE
LE SAMEDI 22 MAI	LE LUNDI 24 MAI
De deux heures à cinq heures	De deux heures à quatre heure

PARIS — 1880

D 25412

CONDITIONS DE LA VENTE

Elle sera faite expréssement au comptant.

Les Adjudicataires paieront CINQ POUR CENT, en sus des enchères, applicables aux frais.

L'Exposition mettant le Public à même de se rendre compte des Objets, aucune réclamation ne sera admise après l'adjudication.

ORDRE DES VACATIONS

Mardi 25 Mai : Diamants, Bijoux, Argenterie, Plaqué.

Mercredi 26 Mai : Objets et Meubles d'art, Curiosités, Bronzes, Éventails, Tableaux.

Jeudi 27 Mai : Mobilier — à 4 heures : Pianos, Harmonium d'Alexandre.

Vendredi 28 Mai : Suite du Mobilier — à 4 heures : Coffre-Fort, Gymnase Paz.

Samedi 29 Mai : Dentelles, Cachemires, Fourrures, Linge de ménage, Ustensiles.

Lundi 31 Mai : Voitures et Vins.

Nota. — Le grand appartement au 1er étage où aura lieu la Vente est à louer immédiatement.

DÉSIGNATION

DIAMANTS

BIJOUX, ARGENTERIE, PLAQUÉ

1 — **RIVIÈRE** composée de quarante-quatre chatons en brillants, avec pendeloque en forme de poire.

2 — **COLLIER** composé de quatorze appliques sous forme d'S montées en brillants. (Il manque un brillant).

3 — Deux grandes **BROCHES** en brillants, formant bouquets de fleurs, avec pendeloques. (Elles seront divisées).

4 — Un **BRACELET** en or émaillé noir et vert enrichi de brillants sous forme de grappes.

5 — Un **BRACELET** en or émaillé vert, avec six brillants.

6 — Deux **BOUTONS D'OREILLES**, pendilles en brillants et petites roses.

7 — Un grand **FLACON** ovale en argent oxydé et repercé, oiseau doré.

8 — **AIGRETTE** en cailloux du Rhin, terminée par une tête d'oiseau.

9 — Deux **ÉPINGLES** en or, émail vert.

10 — **CHAPELET** en agate et filigrane d'argent.

11 — **MONTRE** à remontoir, de Pointeaux.

12 — **BRACELETS, COLLIERS** et **MENUS BIJOUX.**

12 *bis* **ARGENTERIE** et **PLAQUÉ.**

TABLEAUX

ÉCOLE FRANÇAISE

(XVIIIe siècle)

13 — Deux belles Peintures décoratives, représentant Flore et Diane.

Cadres anciens en bois sculpté.

LESUEUR

14 — L'Annonciation.

CARRACHE (Augustin)

15 — La Vierge et l'Enfant Jésus.

CHAMPAIGNE (Attribué à PHILIPPE DE)

16 — Jésus à la piscine.

ÉCOLE ITALIENNE

17 — Tête de Christ.

AQUARELLES

18 — Bouquet de fleurs.

Signé : Janet, 1836.

19 — Rose dans un pot placé sur une console de marbre.

Signé : P.-J. Redouté, 1836.

OBJETS D'ART

DE CURIOSITÉ ET D'AMEUBLEMENT

20 — Garniture de cinq pièces : trois Potiches à couvercles et deux Cornets à pans, en porcelaine du Japon décorée d'oiseaux et de branchages en relief, en bleu, rouge et or.

21 — Grande Coupe en porcelaine du Japon, décorée d'arbustes et paysages en bleu, rouge et or; belle monture en bronze doré, style rocaille.

22 — Grand Vase, forme balustre, en porcelaine du Japon, décoré de paysage en bleu et or ; monture de style rocaille en bronze doré, avec bouquet de fleurs à 7 lumières.

23 — Deux Vases en porcelaine de Chine, violet flambé, monture en bronze avec bouquets.

24 — Deux Vases, forme balustre, en vieux Japon, décorés d'animaux chimériques, papillons et poissons, en bleu, rouge et or, sur fond noir.

25 — Un Seau en vieux Japon, monture Louis XIV en bronze.

26 — Deux petits Vases à pans et à deux anses, en faïence de Rouen ; décor bleu et rouge, avec armoirie au centre.

27 — Une Coupe-Porte-Bouquet en bronze vert et dorure.

28 — Deux Vases Empire en porcelaine décorée, paysages sur fond doré.

29 — Un Vase en Saxe. Berger sur la terrase.

30 — Deux Vases en porcelaine ; décor à fleurs, fond vert.

31 — Un Confiturier à trois compartiments en porcelaine de Sèvres (pâte tendre) sur plateau triangulaire, monté en bronze.

32 — Un Surtout de table composé de : un grand Vase de milieu tout en bronze, à ornements rocaille et figurines d'amours ; deux Guéridons, cristal et bronze, et onze Coupes.

33 — Dix-huit Tasses avec Soucoupes en porcelaine décorée de fleurs, dans le goût de Sèvres.

33 *bis* — Un Service à dessert en porcelaine bleu-turquoise sur le bord, et fleurs.

34 — Jardinière cylindrique côtelée, faïence de Rouen, décorée bleu et rouge et armoriée.

35 — Deux Jardinières composées de plaques en faïence, à décor d'oiseaux, et d'une monture en bois noir, modèle bambou.

36 — Jardinière, forme sphérique, en faïence décorée, sur pieds à griffe en bronze doré.

37 — Deux petites Jardinières en bois rose, garnies de bronze.

38 — Un grand Vase en grès allemand émaillé, feuillages et animaux.

39 — Une Aiguière en verre, montée en argent.

40 — Sous ce numéro, plusieurs Coupes, Jardinières, Porte-Bouquets et diverses Pièces en porcelaine.

41 — Bronze. Beau Groupe de quatre figures (Mère de Douleur). Socle en marbre noir.

42 — Bronze. Groupe de deux chevaux en liberté. Sur socle en marbre jaune.

43 — Bronze. Statuette équestre de Henri IV. Socle en marbre jaune.

44 — Lampadaire à 10 lumières, supporté par une statuette d'enfant en bronze vert, placé sur un fût cannelé en bois noirci.

45 — Lustre en bronze de 24 lumières, entremêlées de fleurs de lys.

46 — Lustre en bronze, à 18 lumières, à guirlandes, carquois et têtes de béliers.

47 — Grand Lustre, monture bronze à branches de lys, garnies de cristaux.

48 — Grand Lustre, bronze Louis XIV, garni de cristaux.

49 — Petit Lustre, à neuf lumières, de style Louis XVI, suspendu par des chaînettes, tenues par des figurines de sirènes, garni au centre d'un vase en porcelaine gros bleu pour une lampe.

50 — Deux Bras de mur, à 16 lumières, en bronze.

50 *bis* — Deux autres Bras, à 8 lumières.

51 — Deux Bras de mur en bronze, à 8 lumières chacun, supportés par une caryatide.

52 — Deux Candélabres, plantes aquatiques, socles en marbre noir.

53 — Jardinière de suspension en albâtre sculpté.

54 — Deux Lampes Carcel de Gagneau, reposant sur deux coupes en bronze doré Empire.

55 — Deux beaux Vases, de style Louis XVI, en marbre blanc et bronze doré, anses formées de figurines d'amours; Les vases sont surmontés de bouquets de lys à 8 lumières.

56 — Belle Garniture de cheminée en bronze doré, de style Louis XVI. La Pendule en forme d'urne, à cadran placé sur partie émaillée bleue, repose sur un socle orné de bas-reliefs : Bacchanales d'enfants et surmonté de deux figurines. Les Girandoles à 7 lumières, branche de lys, sont en forme de vase ovoïde à fond d'émail bleu, anse à tête de bélier et guirlandes de pampres.

57 — Grande Pendule en marbre vert de mer, garnie d'ornements en bronze doré et surmontée d'une statuette de savant.

58 — Pendule Empire en bronze, à sujet : L'Amour et la Musique. Deux Candélabres Empire, marbre et bronze doré, à pieds triangulaires. Deux flambeaux en bronze et marbre turquoise.

59 — Pendule carrée en marbre blanc, surmontée d'une statuette (Enfant Satyre jouant de la flûte).

60 — Grande Pendule en marbre noir et ornements en bronze doré, surmontée d'une statuette (Homère); deux Candélabres à 8 lumières en bronze doré, présentant sur le socle deux Statuettes d'enfant en bronze vert (La Poésie et la Science).

61 — Garniture de cheminée (marbre onyx et bronze), de Denière.

62 — Grande Pendule et sa Console d'applique, en marqueterie de cuivre et d'écaille, garnies de bronze, époque Louis XIV.

63 — Pendule en bronze doré et marbre blanc, à figures allégoriques (la Science).

64 — Galerie de foyer en bronze de l'Empire, à guirlandes de fruits et de feuillages, têtes de béliers et cornes d'abondance.

65 — Galerie de foyer en bronze vert de l'Empire, surmontée de deux lions en regard.

56 — Galerie de foyer en bronze, de style Louis XVI, modèle à vase et guirlandes.

67 — Coffret de toilette en bois rose et marqueterie à fleurs surmonté d'une petite glace-psyché, de forme contournée.

68 — Un petit Meuble de toilette, analogue au précédent.

69 — Un Coffret et deux Coupes en bronze et porcelaine décorée.

70 — Petit Coffret en bois sculpté, à compartiments mobiles.

70 *bis* — Boîte à gants en bois sculpté.

71 — Deux Coffrets en laque or et rouge.

72 — Une Boîte à ouvrage en laque du Japon, noir et or.

73 — Un Encrier, marqueterie de cuivre, avec godets en porcelaine gros-bleu.

74 — Christ en ivoire sculpté, sur fond de velours, dans un cadre en bois sculpté Louis XIV.

75 — Sous ce numéro, Objets d'étagère en porcelaine, faïence artistique, verrerie, ivoire, etc.

76 — Éventail, monture nacre, ornements dorés, feuille gouachée (Cueillette des fruits).

77 — Petit Éventail, monture ivoire Louis XV, gouache, fleurs et oiseaux.

78 — Huit Éventails seront divisés sous ce numéro.

79 — Grand Piano à queue d'Erard, caisse en palissandre à filets de cuivre.

80 — Piano droit, de Roller et Blanchet, en palissandre, garni de bronze.

81 — Un Piano à sept octaves, de Roller et Blanchet, en palissandre, garni d'ornements en bronze.

82 — Un Harmonium à percussion, d'Alexandre.

83 — **Grand et beau Meuble à deux corps, de style Renaissance, en chêne sculpté; la partie supérieure et la partie basse sont chacune à trois portes pleines, ornées de vases de fruits et de rinceaux et séparées par des montants à caryatides de femmes surmontées de têtes de lions.**

84 — Un Meuble à deux corps, formant cabinet et secrétaire, en acajou incrusté de filets; la partie supérieure, à fronton couronné de statuettes en bronze et bois sculpté, ferme à deux portes vitrées, recouvrant de nombreux tiroirs et une porte ornée d'une petite peinture sur cuivre : l'Enfant-Jésus.

85 — Deux grands Dressoirs, de style gothique, en chêne et à portes vitrées dans la partie inférieure.

86 — Buffet à deux étagères en chêne sculpté; mascarons, animaux chimériques et rinceaux.

87 — Grande Bibliothèque en chêne sculpté, ornée de guirlandes de fruits, statuettes et rinceaux, et à deux portes vitrées.

88 — Grand Bureau, à quatre faces, en chêne sculpté, dessus en velours.

89 — Grande Armoire à glace en marqueterie de cuivre et d'écaille, garnie de bronze.

90 — Un Bureau en bois noir et marqueterie de cuivre et d'ecaille, garni d'ornements en bronze.

91 — Secrétaire-Chiffonnier Louis XVI en bois rose et palissandre, à dessus en marbre blanc.

92 — Deux Meubles d'entre-deux, en marqueterie de cuivre, garnies de bronze, à portes vitrées, dessus en marbre noir.

93 — Deux Meubles d'entre-deux en bois noir et marqueterie de cuivre, et garnis d'ornements en bronze, dessus en marbre noir.

94 — Meuble d'entre-deux, bois noir, marqueterie de cuivre et écaille, garni de bronze, dessus en marbre noir.

95 — Commode de l'époque Louis XIV, en bois de placage, incrusté de filets de cuivre et garni de mascarons, poignées et moulures en bronze; dessus en marbre.

96 — Petit Meuble-Cartonnier en bois noir et marqueterie de cuivre sur écaille.

97 — Un Chiffonnier à cinq tiroirs, marqueterie de cuivre et d'écaille.

98 — Petit Bureau, de forme Louis XV, en palissandre et bois rose, orné de plaques en porcelaine décorée et garni de cuivre.

99 — Guéridon ovale en palissandre, orné d'incrustations de cuivre et de nacre; le dessus formé d'une grande aquarelle, bouquet de fleurs, placée sous glace.

100 — Petite Table Louis XV en palissandre, marqueterie à fleurs.

101 — Un petit Guéridon en laque, à personnages chinois, kiosques et dragons: or sur fond noir.

102 — Guéridon en acajou avec dessus orné d'une couronne de fleurs peinte à l'aquarelle et placée sous glace.

103 — Petit Bureau Empire en palissandre, ornements incrustés, surmontés d'un cartonnier.

104 — Petite Armoire composée de panneaux du XVIe siècle en chêne sculpté et noirci.

105 — Très-grand Buffet. à côtés arrondis. en acajou moucheté et sculpté, surmonté d'une glace dans un encadrement à frontons et à étagères sur les côtés.

106 — Grande Table ovale en acajou, sur quatre pieds à griffes.

107 — Un Lit Empire en bois peint en blanc et ornements dorés, garni dans les angles de faisceaux de licteurs; ciel de lit de même style, le pied et le chevet garnis en soie bleue.

108 — Un Meuble de salon Empire en bois sculpté peint en blanc et ornements dorés, et recouvert en damas de soie cerise, se composant de : un très-grand Canapé droit, un petit Canapé à dossier arrondi, quatre Fauteuils et quatre Chaises.

109 — Un Ameublement de style Louis XV en bois noirci et à ornements dorés et recouverts en tapisserie à fleurs sur fond gris, composé de : un petit Canapé, deux Fauteuils et deux Chaises.

110 — Mobilier de salle à manger en acajou, Table, Chaises, Buffet, Servante.

111 — Quatre Consoles-Jardinières Louis XIV en chêne sculpté, surmontées de glaces.

112 — Un Écran Empire en bois sculpté blanc et doré en partie.

113 — Un Écran, monture bambou et feuilles en étoffe brodée de soie à sujet chinois.

114 — Un Prie-Dieu en palissandre sculpté, de style gothique.

115 — Deux Divans en étoffe de soie cerise et leurs coussins.

116 — Deux Chaises longues en satin bleu broché à fleurs, capitonné : quatre fauteuils Louis XV en bois blanc et or, recouverts en même étoffe.

117 — Deux grands Fauteuils accotoirs à têtes de lions.

117 *bis* — Deux Chaises avec armoiries, recouvertes en velours grenat.

118 — Deux Chaises Louis XV blanc et or, recouvertes en soie brochée à fleurs, à bandes rouges et blanches alternées.

119 — Douze Chaises à pieds tors, en bois sculpté, garnies en velours grenat.

120 — Cinq Escabeaux en chêne sculpté à pieds cannelés en spirale, garnis en velours rouge.

121 — Sous ce numéro, plusieurs Fauteuils de formes variées, garnis en satin brodé, tapisserie à la main et soiries variées.

122 — Sous ce numéro, quantité de Chaises volantes.

123 — Un Gymnase Paz en bois d'acajou avec tous ses accessoires.

124 — Une Tête de sanglier.

125 — **Dentelles, Cachemires Fourrures, Linge de maison.**

NUMÉROS D'ORDRE	DÉSIGNATION DES VINS	NOMBRE de BOUTEILLES
1	Marsala vieux	9
2	Muscat, cachets jaunes	38
3	Champagne Cliquot-Ponsardin	15
4	Rhum	6
5	Muscat-Frontignan	4
6	Chambertin, cachets noirs	22
7	Madère vieux, cachets jaunes	8
8	Vin blanc de Lur-Saluces	3
9	Beaune blanc, cachets jaunes	110
10	Château-Laffitte	2
11	Château-Margaux	3
12	Vin rouge	130
13	Sauterne, cachets jaunes	5
14	Beaune rouge, cachets verts	187
15	Même vin, mêmes cachets	100
16	Bordeaux, cachets rouges	273
17	Bordeaux	16
18	Vin blanc, cachets jaunes	16
19	Beaune, mêmes cachets	100
20	Madère	13
21	Anisette de Marie-Brizard	10
22	Vin de Bordeaux, cachets rouges	285
23	Rhum	5
24	Malaga, année 1825	3
25	Eau-de-vie	13
26	Bordeaux, cachets verts, 1878	294
27	Fine-Champagne	13
28	Kirsch vieux	6
29	Beaune, cachets verts	313

BOUTEILLES VIDES, PORTE-BOUTEILLES
ET PANIERS EN FER

Nota. — La Livraison aura lieu le Mardi 1er Juin, de huit heures à onze heures du matin.

DÉSIGNATION DES VOITURES

COUPÉ à deux places, peinture bleue, garniture grise, par *Mousard.*

CALÈCHE à pincettes, à deux chevaux, peinture bleue, garniture en reps bleu, par *Mousard.*

LANDAU avec peinture brune, garniture en drap et maroquin brun, par *Million* et *Guët.*

(Cette Voiture a très-peu roulé)

SELLE ET LOTS DE HARNAIS

Ves Renou, Maulde et Cock, imprs de la Compagnie des Commissaires-Priseurs, rue de Rivoli 144. 7507

www.ingramcontent.com/pod-product-compliance
Ingram Content Group UK Ltd.
Pitfield, Milton Keynes, MK11 3LW, UK
UKHW022153260726
13993UKWH00005B/2339